学前教育专业系列教材·美术

幼儿园环境创设（第三版）

DESIGN OF KINDERGARTEN ENVIRONMENT

李全华 编著

ZHEJIANG UNIVERSITY PRESS
浙江大学出版社

图书在版编目（CIP）数据

幼儿园环境创设 / 李全华编著. — 3版. — 杭州 ：
浙江大学出版社，2019.8（2024.8重印）
ISBN 978-7-308-19270-5

Ⅰ.①幼… Ⅱ.①李… Ⅲ.①幼儿园—环境设计
Ⅳ.①G617

中国版本图书馆CIP数据核字(2019)第124592号

幼儿园环境创设（第三版）
李全华 编著

组稿策划 黄宝忠
责任编辑 朱 辉
责任校对 丁沛岚
装帧设计 李 莉
出版发行 浙江大学出版社
（杭州市天目山路148号 邮政编码 310007）
（网址：http：//www.zjupress.com）
印 刷 浙江省邮电印刷股份有限公司
开 本 787mm×1092mm 1/16
印 张 8
字 数 130千
版 印 次 2019年8月第3版 2024年8月第5次印刷
书 号 ISBN 978-7-308-19270-5
定 价 45.00 元

● 序一

随着时代的进步和我国教育改革的深化，艺术与艺术教育日益受到人们的重视。现代人普遍意识到，奥妙无穷的艺术世界，无论是对于个体人生经验的丰富，还是对于其崇高心灵和蓬勃精神的构建，都具有决定性的意义。然而，并非所有被称为艺术的东西都能起到这种作用，真正的艺术也并非于每一个个体都行之有效。艺术的欣赏、创造与接受，乃是一种高级的文化素养，需要通过健康的艺术教育来获得。健康的艺术教育不是单纯的技能教育，而是一个启发智慧的复杂工程。它既需要技法的教育，又需要从美学、艺术社会学、艺术心理学等学科中获取知识与素养。因此，包括美学、艺术创作、艺术欣赏、艺术批评在内的诸多因素，便成为艺术教育的关键。这些关键，也正是20世纪60年代以来出现的综合性艺术教育思潮的核心与精髓。随着这股思潮的日益壮大，艺术教育逐渐发展成为一种综合式的教育，不仅本身成为一门多元交叉学科，同时也注重艺术精神向其他学科的渗透。

20世纪90年代末期，我国启动基础教育改革，这股综合艺术教育思潮也随之影响到我国的中小学普通艺术教育和高等院校的教师教育。中小学普通艺术教育在原有“音乐”“美术”课程的基础上新设“艺术”课程，高等院校的师范类艺术教育在原有音乐教育专业、美术教育专业的基础上新设“综合艺术教育专业”。在此大背景下，有着五十多年艺术教育传统的浙江师范大学杭州幼儿师范学院设立了旨在培养高素质复合型艺术教育人才的综合艺术教育专业。专业以生态式综合艺术教育思想为理论指导，以发展学生的人文素养与艺术综合能力为目标，下设音乐、美术两个方向，要求学生扎实地学习人文社科知识，系统地掌握音乐、舞蹈、美术等艺术基本理论知识，具备较高的音乐、舞蹈或美术技能以及扎实的艺术教育技能，最终成为能够胜任学前教育、基础教育、特殊教育学校或机构之儿童综合艺术教育的教师或社会工作者。这种教育理念和教育思路，即是我们前面所谈及的健康的艺术教育。

在多年的办学过程中，浙师大杭幼师学院的领导以及儿童艺术教育系全体教师全力以赴，主动开展教育教学研究，积极通过合理配置师资、深化教学改革、加强教材建设等措施来提高专业的教育质量。由浙江大学出版社大力推出的学前教育专业系列教材，便是该院儿童艺术教育系全体教师坚持不懈地进行专业建设的成果。

该套教材涉及美术、音乐、舞蹈、戏剧等多个艺术门类，以及艺术欣赏、艺术创作等多个当今艺术教育的关键因素，较好地体现了艺术教育的健康性、人文性和综合性。整套教材将艺术教育理论与实践紧密结合，较好地凸显了儿童艺术教育的独特性，既适合学前教育专业学生使用，又具有艺术教育专业特色。最后，我衷心希望，该套教材的出版，能为艺术教育的宏伟大业添砖加瓦！

滕守尧　南京师范大学教育科学学院特聘教授
博士生导师
中华美学学会副会长兼秘书长

● 序二

为健全人格的塑造奠定基础是早期教育的基本目标，生态式综合艺术教育是实现这一目标的重要途径。它以美术、音乐、舞蹈、戏剧等多种艺术学科的整合为载体，使儿童充分感受到艺术与生活、艺术与情感、艺术与文化、艺术与科学诸方面的内在关联，以激发儿童的审美情趣，提高其审美能力，增强其人文艺术修养，从而培养具有健康生活态度，具有丰富情感体验，并有深刻思想领悟的全面发展的新人。从教学方式看，生态式艺术教育强调师生间的互动与对话，倡导教师创设丰富而开放的艺术课堂，鼓励学生进行广泛而深入的探究性学习。生态式艺术教育超越了单纯的艺术技能训练，整合了美术、音乐、舞蹈、戏剧、文学等艺术形式中共同的审美要素，通过知、情、意心理系统的通感、迁移等机制实现真、善、美的和谐人格统一。

正是基于这样的认识，浙江师范大学杭州幼儿师范学院于2005年在国家高等学校本科目录之外，成功申请到艺术教育（儿童综合艺术教育）本科专业。该专业的专家论证得到了我国著名美育专家、国家基础教育艺术课程标准首席科学家滕守尧教授的支持，也得到了南京师范大学学前教育国家重点学科负责人、著名儿童艺术教育专家屠美如教授等的指导。

本系列教材包括《素描》《装饰色彩》《人物》《动物》《国画》《幼儿园环境创设》《儿童读物插图艺术》《美术鉴赏》《手工》《钢琴基础》《声乐基础》《基础乐理与视唱》《幼儿园实用音乐》《儿童歌曲伴奏》《儿童舞蹈》《民族民间舞》《舞蹈形体训练基础》《幼儿舞蹈训练与幼儿舞蹈创编》《幼儿文学作品导引》等。教材的编写以生态式综合艺术教育思想为理论指导，以提高学生的人文素养与艺术综合能力为目标，是儿童艺术教育专业的核心教材。本系列教材的编写由浙江师范大学杭州幼儿师范学院李全华教授与李成教授具体组织实施，是学院相关教师团队通力合作的结晶。参加编写系列教材的都是从事普通高校艺术教育多年的教师，既有丰富的课堂教学经验，也有较为深厚的艺术修养。在编写教材过程中，教师们注意到了内容的循序渐进，内容选择和编排的专业性、科学性，特别是中小学、幼儿园儿童艺术教育实践的适切性要求。本系列教材既适合学前教育专业使用，也适合艺术教育及其他艺术类专业相关课程选择使用。

本系列教材从构思策划开始，一直得到浙江省教育厅高等教育处、师范处（现为教师工作处）领导的关心和支持，得到浙江师范大学教务处领导的支持，得到杭州幼儿师范学院“十一五”教学改革工程项目的资助，特别是得到著名美育专家滕守尧教授的悉心指导，在此表示深深的谢意！

由于水平有限，再加上国内还没有系统的儿童艺术教育教材作参照，因此，书中的不足和缺陷在所难免，希望得到专家学者和同仁的批评指正。

秦金亮　教育部高等学校教育学类专业教学指导委员会委员
教育部高等学校幼儿园教师培养教学指导委员会副主任委员
中国学前教育研究会副理事长
浙江师范大学杭州幼儿师范学院国际儿童研究院院长
博士、教授、博士生导师

前言

美术活动在幼儿园教学环节中具有十分重要的地位，因此，美术教学是学前教育专业中不可或缺的一门学科。我们根据历年来幼儿师范院校美术教学的实践经验，编写了这套学前教育专业美术教材。本套教材密切结合专业培养目标和特点，力求提高学生的艺术素养及审美能力，以强化未来幼儿园教师职前基本技能训练为目标。教材力图在知识上求广、技能上求实、内容上求新、方法上求活，建立符合学前教育专业教学规律的美术教材新体系。具体表现在以下几个方面：

一、力求强化学前教育专业的美术基础课程

强化的基础课程包括素描（侧重造型因素、结构和空间透视，把解决形的问题放在首要位置）、装饰色彩（装饰色彩的基础知识和基本规律，色彩的表现技法以及配色能力）、人物、动物等，培养学生掌握一定的造型能力，为以后的美术应用课程打下良好的基础。

二、加大应用课程的力度

在学生掌握一定的造型基本功后，加强更具实用性的应用课程训练，如配色的能力、画面的构图组合能力、色彩表现技法的运用能力、手工的操作能力，学习粉彩画、纸版画、彩墨画、沥粉画、综合剪贴、纸浮雕等。通过这些训练，使学生能触类旁通、举一反三，从而培养学生的综合运用能力。

三、开设故事插图创编课程

学习欣赏、评析儿童读物插图，掌握儿童读物插图特有的造型特点和构图形式。在参考有关资料的基础上，鼓励学生大胆想象，根据特定故事内容进行造型设定和构图组合，完成故事创编。培养学生构思、构图、配色等综合能力。

四、提高学生的审美能力

在每一册中都附有大量的优秀中外美术作品，通过观察、欣赏、感悟，开拓学生的审美视野，助其增长专业知识，在欣赏中培养学生的视觉感知能力、多角度鉴赏能力、评价表述能力，使其树立正确的艺术观。既要使学生理解作品的主题思想，又要使学生懂得艺术表现手段的作用。

本套教材现共九册：《素描》《装饰色彩》《人物》《动物》《国画》《幼儿园环境创设》《儿童读物插图艺术》《美术鉴赏》《手工》。教材在内容编排上，由浅入深，有比较大的弹性。本套教材既可供三年制中专学生使用，也可供五年制大专学生和四年制本科学生使用。教师可以因材施教，根据学生的实际水平，选择合适的内容开展教学。

本套教材最大的特点是资料性强，教材中选择和收集了大量可作参考的国内外优秀的美术作品。这些作品既开阔了学生的视野，提高了学生的审美能力，也能用于故事创编的参考和幼儿园的墙面布置。

本套教材中使用的图片，均是从历年来授课时引用的中外优秀美术作品及教师作品、学生作品中精选出来的，由于无法在出版前与版权所有者一一联系，望谅解，在此致以衷心的感谢。

浙江师范大学杭州幼儿师范学院儿童艺术教育系

丛书主编　李全华
副主编　李成
美术编委　李全华　邵玲珠　张益文
梁永峰　吴怡　李莉
陈静黎

《幼儿园环境创设》
编著　李全华
版面设计　李莉

目录

● 幼儿园环境创设概述

单元学习重点：

· 幼儿园环境创设的功能
· 幼儿园环境创设的原则

环境是影响幼儿身心发展和行为习惯的重要因素，创设适宜幼儿的环境是学前教育者最根本的任务。本单元的重点是让学生了解幼儿园环境创设的重要性，懂得如何根据幼儿身心发展和审美情趣的需要进行有目的、有计划的创设。

马克思说："人创造环境，同样，环境也创造人。"幼儿园的环境良好，能促进幼儿身心健康发展，有利于孩子良好行为习惯与心理素质的形成。同时，幼儿园的环境创设是进行美育的主要物质条件之一，它能美化、装饰校园，让幼儿感受美、欣赏美、热爱自己的幼儿园，潜移默化地提高幼儿对美好事物的感受力，陶冶幼儿的情操。

幼儿园环境创设就是以建设幼儿园结构性美育环境为基础，全面加强幼儿的审美教育，激发幼儿进一步去发现、认识周围生活世界的美，实现初步的人格素质教育。《幼儿园工作规程》也强调："创设与教育相适应的良好环境，为幼儿提供活动和表现能力的机会与条件。"这就要求我们为幼儿创设良好的物质、精神环境。因为良好的教育环境往往会有效地影响幼儿的行为和情感，提高他们活动的兴趣，发展和加深他们的认知，甚至会起长期的影响。

良好的环境从内容上来说，应该是符合幼儿发展需要的，与教育任务、教育要求相适应的，它是教育计划的一个组成部分。也就是说，应有目的、有计划地将体、智、德、美全面发展教育寓于环境创设之中。

一、幼儿园环境创设的功能

1. 寓教育于其中

良好的环境布置应与教育任务、要求相适应，是教育计划的组成部分之一。幼儿园环境布置必须为幼儿身心成长提供必需的刺激，引起他们的好奇心、求知欲，以启发他们去思考、探索，从而为幼儿身体和智能的发展提供良好的基础。具体来说，幼儿通过视觉、触觉等器官的感受，对环境布置所表现的内容及其形式产生相应的情感、认知体验，并在此过程中发展观察力、想象力，构建相应的知识结构，发展积极的自我概念。同时，环境布置还可为幼儿良好行为习惯的形成与社会沟通能力的发展，创造良好的机会和条件。

鉴于幼儿园保教的主要目标及幼儿的身心特点，幼儿园的教育内容具有一定的广泛性，包括了德、智、体、美等多方面的内容和要求。

另外，由于不同阶段有其特定的教育内容，幼儿园的环境布置也需要随之更新，以适应不同阶段的需要。

《环游世界》

2. 寓艺术于其中

我国著名教育家陈鹤琴先生曾经说过："环境艺术化，是教育的一种手段。"幼儿园环境布置应具有一定的艺术性。艺术化的布置就是要在环境的整体布局及具体物品的细节上体现美感。爱美是幼儿的天性，他们对具有强烈视觉美的事物尤其敏感。因此，在幼儿园环境布置中融入对艺术性的追求，使幼儿置身于美的世界中，能带给幼儿美的感受，陶冶幼儿美的情操。

3. 寓净化环境于其中

绿化是衡量幼儿园环境的一个重要标志。人的生命太需要绿色了，幼儿年龄越小，越喜欢具有自然色彩的环境，如花园、动物园等。因此，在幼儿园的环境布置中，应充分利用自然物设立水池、绿化带/区等，使幼儿充分接触大自然。同时，绿化在为幼儿园增加色彩和生机的同时，也能起到美化环境、净化空气的作用。

二、幼儿园环境创设的原则

1. 适龄性

幼儿园的环境布置，应充分体现幼儿的年龄特点，要一眼就能看出是一个真正属于孩子的世界。同时，不同年龄阶段的幼儿身体和智力发展状况有所不同，因此，幼儿园环境布置在把握大前提的情况下，也应该照顾到这些差异。

在我国的幼儿园里，一般都将幼儿分为三个年龄段，即大班、中班、小班，有的幼儿园还设有托班。由于生理、心理发展状况不同，每个年龄段的幼儿呈现出很大的差异，主要反映在理解能力、欣赏水平、接受能力和动手制作能力等方面。因此，必须按照不同年龄和不同能力幼儿的特点进行设计，融知识性、思想性、趣味性于一体。

年龄较小的托班幼儿，刚离开熟悉、温暖的家庭环境，来到陌生的幼儿园，特别容易产生焦虑情绪和陌生感。所以，托班环境的创设最好是家庭式的环境，以帮助幼儿缩短适应期，较快地稳定情绪。可以建立开放、家庭式的活动室，放置一些组合式沙发、靠垫、地毯等，在活动室的一些角落摆放幼儿从家里带来的玩具，帮助幼儿消除对幼儿园的陌生感，令他们尽快适应和喜欢上幼儿园。环境布置的色彩宜单纯、自然，营造一种温馨的气氛，可以布置一些拟人化的充满童趣的动物、植物，使环境富有童话色彩。

随着年龄的增长和知识性的逐步加强，要让幼儿接近现实生活，同时增加一些想象方面的主题，充分发挥幼儿的想象力和创造力。在大班后期还可以适当使用文字，逐渐向小学过渡。

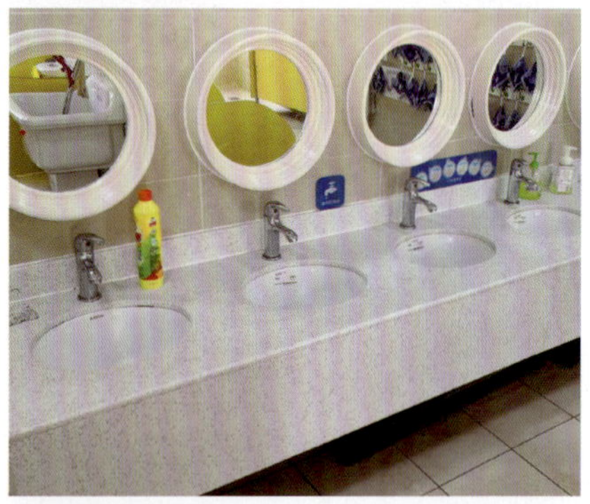

2. 安全性

安全性是幼儿园环境布置中必须遵守的一个基本原则。幼儿的安全包括身体和心理两方面。在幼儿园环境布置中最需要注意的是身体的安全，也就是特别要注意到建筑、设备、器材的坚固性、安全性，以防止事故的发生。有的幼儿园的宣传栏使用了铝合金镜框，而镜框下沿正好是幼儿头部的高度，镜框的角很容易造成对幼儿的伤害。所以，要尽可能避免这种情况，使用较安全的材料。一般幼儿园的活动器具等均应采用圆角的塑料、玻璃钢之类的材料。此外，还要考虑到室内采光、温度、湿度、色彩、通风等因素。

3. 参与性

陈鹤琴先生说的——“通过儿童的思想和双手所布置的环境，可使他对环境中的事物更加认识，也更加爱护”——即体现了孩子在环境创设中的参与性。在幼儿园里，幼儿是主体，因而在任何学习环境中，幼儿必须充当活动的角色，而非仅仅是参观者。师生共同布置环境的过程能充分体现其教育作用。老师征求幼儿的意见，把布置环境看作大家的事。这不仅能培养幼儿的自信心，还增强了幼儿的自我意识。同时，让幼儿参与布置其实是他们进行游戏的过程。这项活动重在参与，而不是追求活动的结果。最关键的是要在这一过程中培养幼儿的习惯和能力。

在日本有幼儿自己用各色透明玻璃纸剪贴的装饰墙；在美国有用儿童彩色小手印装饰的柱子；在法国有用美化都市的幼儿公共涂色墙。现在我国很多幼儿园都有用白瓷砖砌成的墙面，为幼儿提供了涂涂画画的平台，也为幼儿园环境布置增添了色彩。

4. 创造性

各个幼儿园的环境布置应根据各自的不同条件，创造性地加以改善。这种创造可以体现在对内容、形式和材料的具体运用中。幼儿园整体布置的内容需要顾及多层面的教育功能，以及各方面的教育作用。同时，地域、社会发展等因素为环境布置提供了广泛的内容，这就要求教师正确把握，使幼儿能够在优美、健康、新鲜的环境中成长。

而在形式、材料的运用上，教师也应充分发挥创造力，在考虑形式和材料的多样性的同时，学会创新，设计出美观、新颖、富有童趣的作品。

● 幼儿园环境的构成

单元学习重点：

· 幼儿园环境的构成因素

幼儿园是幼儿学习、生活、娱乐和成长的场所，幼儿园环境的构成也是对幼儿园环境的整体设计。通过学习，学生将懂得如何根据幼儿的身心成长进行合理化设计，营造一个能满足幼儿娱乐、学习、生活等各方面需要的美的环境。

在现代化的城市里，衡量幼儿园环境创设的标准不仅仅是具有良好的物质条件的建筑，而是整个幼儿园环境的质量。符合幼儿心理要求与生理要求的幼儿园环境，通常包括以下几个因素。

一、 净化的环境

空气清新，没有污染，没有烟雾，没有异味。环境安静，没有噪声。

二、 绿色的环境

绿色的环境，使幼儿园环境里充满大自然的气息，没有与自然隔绝的感觉。从美学、环境或趣味性的角度来看，植被等绿化设施对幼儿娱乐空间的设计起着十分重要的作用。除了可以提高空气质量外，茂密的植被还能起到消音、隔音的作用，用以降低噪声的影响。

幼儿园环境绿化建设主要是绿化带/区和建筑、活动设施的布置及两者间的有机结合，以树、花、草等各种植物为主，并尽可能扩大这方面的绿化面积。树种的配置是环境设计的主要内容，首先要进行风景构图，把树和环境中的其他因素组织成一幅幅既富有自然情趣、又富有生活学习气息的景观画面。构图不能千篇一律。既要规则，又要灵活，因地制宜，各具特色。要使环境丰富多彩，建筑与自然融为一体，打造成人工与自然相结合的绿化地带。具体可采用点植、行植和片植等形式。

绿地：集体游戏场地，宜种植大片草地，适合幼儿在绿茵上尽情奔跑、滚爬、做游戏。

绿墙：水杉、柏树的树冠向高处长，种成一排使之形成绿墙。

绿篱：低矮的冬青树可作为绿篱种在路的两侧，绿篱的高度以50至70厘米为宜，要低于幼儿的视线。

幼儿园活动室周围宜种植落叶树，夏天可以遮阴消暑，冬天又有充足的阳光。

一些城市幼儿园建筑用地十分紧张，无法开辟大面积的绿化地。若能巧妙地利用边角地、墙面、空中发展绿化——如在墙角、墙边种植攀缘类植物（葡萄、紫藤、爬山虎、常春藤等），使天、地空间得到最大限度的利用，也能起到美化环境、净化空气、保护视力的作用。

花坛、花盆：花坛里要尽可能种植花形大而美观且花期较长的花草，四季交替，使鲜花不断。一般花坛设在空地的正中或两侧，使花进入人们的视野。盆花如吊兰、文竹、月季、菊花等的摆放较灵活方便，可根据需要摆放，使走廊、室内生机盎然。

屋顶花园：利用屋顶空间设置花园。但屋顶必须有平台及良好的供水、排水设施。可利用木箱、木槽种植一些耐旱植物。

三、能接触到的水景

山因水而幽，水依山乃活。这是自然环境中水与山相辅相成的手法和效果。幼儿园环境中尽管大都是人工理水，但只要有精心的规划与设计，还是可以在有限的空间里造出生动的水景的。

幼儿是最喜欢水的，应为幼儿营造一个具有水景的环境，如喷泉、游泳池、水车、戏水池等。在进行幼儿园环境设计时，水体往往以点缀、环绕、穿行等形式与建筑、绿化带/区相结合，从而产生情景交融的情趣和各具特色的环境气氛。那些依水而生的植物，也为幼儿提供了观察学习生物的生长过程和自然生态环境的机会。

四、活动设施

要有能满足幼儿的活动场地，以及能满足进行各种活动的建筑小品与设施，而且这些建筑小品与设施在规划设计上还需先进、合理。现在市场上塑料活动设施很多，如滑梯、转椅等，但往往造型单一、缺乏童趣。德国开姆尼斯市毛皮坊操场活动设施的设计，综合了滑梯、攀岩、秋千、攀爬架等多元功能，同时造型可爱，新颖又有创意。童趣的造型更能受到幼儿的欢迎。如本页图中的活动区，出入口就是由长颈鹿母子的造型构成的，坐的凳子也设计成了河马、狗等，与传统意义上的设施已有所不同。

各种活动设施不仅可以给幼儿提供体力方面的活动，还具备各种智力启蒙和开发的功能。幼儿在活动中，既可增强体质，又能培养勇敢、敏捷的活动能力和丰富的想象力。如用废旧轮胎、金属架及树枝等做成各种活动模型，根据幼儿自己的意愿创造性地进行游戏。近年来出现的自然游戏场、冬青树构成的迷宫等，就是根据幼儿的这些喜好，为他们提供了接触自然环境的机会。要相信，树木、花草、昆虫、泥巴、沙子和水的吸引力，远远超过了传统的木马和滑梯。

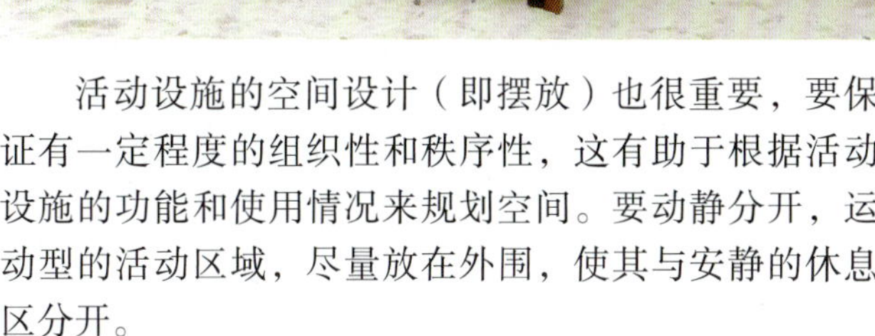

活动设施的空间设计（即摆放）也很重要，要保证有一定程度的组织性和秩序性，这有助于根据活动设施的功能和使用情况来规划空间。要动静分开，运动型的活动区域，尽量放在外围，使其与安静的休息区分开。

沙坑是幼儿最喜欢的活动场地，越小的幼儿越喜欢沙土和泥巴。他们对挖掘、和泥、建造、雕塑、装倒沙土等游戏乐此不疲，会充分发挥想象力和创造力，开发出各种各样的游戏。沙坑应设置在防风、有阳光、安静的环境中，沙土要经常清理、翻新、更换，以免泥土结块而对幼儿造成伤害。一定要记住，在幼儿玩沙的任何时候都要有成人在旁边监护。

五、雕塑

若雕塑能与幼儿园环境相结合、与幼儿园的地理景观和建筑景观相渗透，就能构成幼儿园的面貌和风格。好的雕塑可以带给人们耳目一新的感觉，可以令人振奋、激动。同时，好的雕塑能以其丰富的造型语言向幼儿传达特有的思想感情，进而影响幼儿的心理和行为。

雕塑的制作应注意以下几点：一是布局。应综合考量雕塑所在的位置与周围的建筑环境和自然环境是否协调，雕塑所在的位置与道路的关系等。二是造型。幼儿园的雕塑要避免成人化，应以简洁、夸张的造型语言吸引幼儿的视线并影响幼儿的视觉心理。三是体量尺度。在幼儿园环境里，雕塑与幼儿的尺度关系尤为重要。各种雕塑，包括动物、儿童、童话等题材的作品，应同幼儿差不多高度，以使幼儿能随时随地观赏，从而给予他们美的濡染。这种濡染，产生于不知不觉之间，通过视觉感官的自然活动，逐渐沁入幼儿的心灵之中。

六、种植园和养殖场

幼儿喜欢富有新意的环境，要为幼儿创设符合幼儿心理发展需要，并具有新鲜、独特、富有情趣等特点的环境，以促使幼儿主动地参与活动。比如，可以设计“小小种植园”“小小养殖场”。幼儿的劳动热情很高，常热衷于模仿成人的各种劳动。所以，可以让他们种植一些易种的蔬菜，收获劳动的成果，养殖小兔、小鸡等，把生活中难以实现的愿望，通过特定的情景去实践或再现。

● 幼儿园室内环境创设

单元学习重点：

· 门厅、走廊、楼梯的设计
· 室内墙面设计
· 区角设计

幼儿园室内墙面的装饰和美化，是整个幼儿园环境创设的重要部分。本单元要求学生根据不同的室内场地合理地布置环境；掌握墙面布置多样统一的基本规律；特别是对区角活动区域的布置，要懂得如何合理布局，创设良好的幼教环境。

幼儿园的建筑在满足使用功能的同时，还应特别注意室内环境的布置。一般来说，室内环境的布置是对建筑技术所提供的空间进行环境的再创造，包括了对建筑空间的调整、丰富和完善。

室内环境布置除了具有美化幼儿园的环境、对儿童进行直观教育的功能外，更重要的是可以起到对幼儿进行美育、陶冶幼儿的情操、净化幼儿的心灵的重大作用。所以，要根据幼儿身心特点和审美情趣来进行构思设计，创设更加舒适、美好的环境。

一、门厅

门厅是幼儿进入幼儿园的必经通道，应首先保证门厅的畅通，一般不宜设计过多的东西。

门厅的设计很重要，能充分体现一个幼儿园的特色、精神面貌和审美层次。在造型上应追求童趣、生动的风格，营造出具有儿童特色的文化艺术氛围，让幼儿有亲切、熟悉之感，在色彩的配置上应以鲜艳、明快的色调为主。右图的门厅营造了一个童话世界，顶面是绿色的树叶喷绘，用树形包裹了原来的柱子，上有知了、瓢虫等各种昆虫。大厅的另一侧，用风车、菠萝、蘑菇等造型装饰了门，特别具有童趣，仿佛走进了童话王国；而下页中的图用幼儿的照片构成“LOVE”字形，整个大厅简洁、大气，别有一番特色。

二、走廊、楼梯

走廊、楼梯是连接各活动室与楼层、方便幼儿与老师行走的通道。走廊、楼梯的布置首先要考虑安全因素，在不影响通道功能的前提下进行适度的装饰。现在有的幼儿园由于活动室过于拥挤，就把区角活动的内容移至走廊上，使走廊变得琳琅满目、过于拥挤而造成安全隐患。环境的布置一定要适度、得体。适度，即不能太多、太满，多则滥，滥则乱；得体，就是要根据具体的环境做适当的布置，要恰到好处。走廊上可以固定布置一些作品，如大师的作品、装饰画及幼儿的作品等，主要是作为幼儿园的整体装饰，重在观赏价值、美化环境和提高幼儿的审美能力。

楼梯的装饰要简洁，一般不要布置过多的东西和丰富的色彩，避免幼儿不专注上下楼梯而发生安全事故，避免潜在的拥挤碰撞。

右图的走廊顶面用浮雕图形装饰，三个楼层分别用淡蓝、淡绿、粉红三种颜色，显得十分淡雅，图形的设计既有认知的功能，又丰富了走廊顶面的装饰。

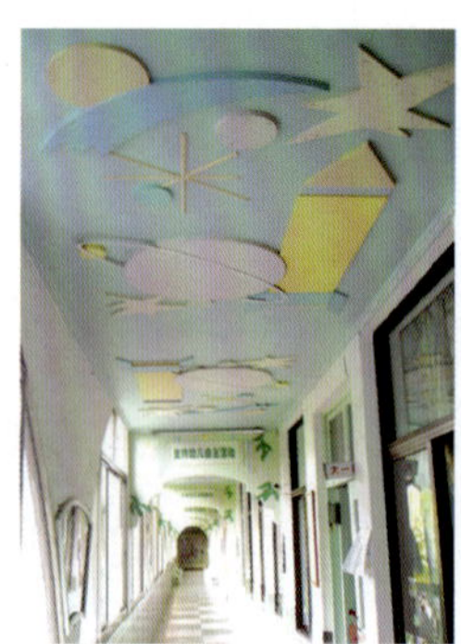

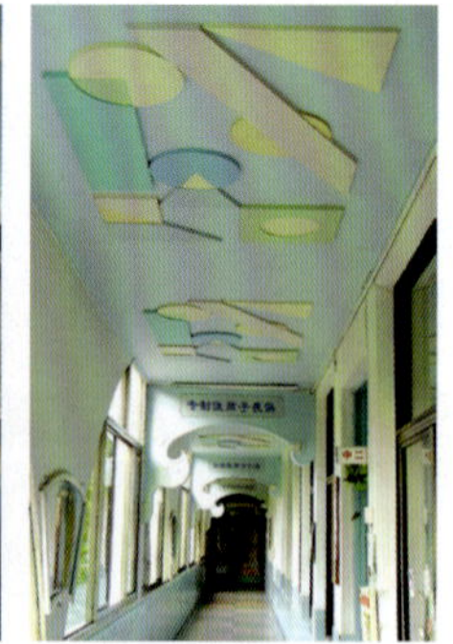

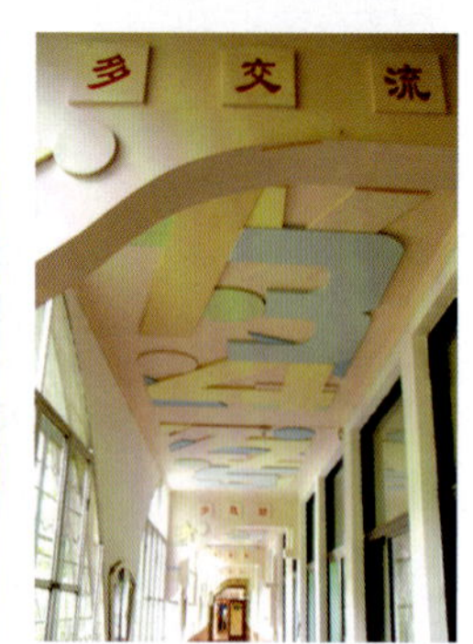

三、活动室墙面布置

墙面布置应符合幼儿教育要求，满足幼儿园教育目标和大纲所规定的活动需求，创设一个丰富多彩、结构合理、具有童趣的环境。

幼儿在幼儿园的绝大多数时间是在活动室中度过的，因此，活动室是幼儿在园中生活、游戏、学习、休息的最重要的场所。活动室内部环境是否美观、富有童趣，是否真正起到教育作用，能否引起幼儿参与的兴趣，都会对幼儿的思想行为产生潜移默化的作用。在幼儿园室内环境中，墙面布置是其中至关重要的部分。随着人们教育观念的改变，幼儿园室内环境布置，尤其是墙面布置越来越受到重视。

创设一个适合幼儿健康发展的环境，既有教育思想层面的问题，也有教师审美观念和艺术表现上的问题。所以，在室内环境布置中要特别注意以下几个问题。

1. 多样统一，有整体感

幼儿园室内环境布置绝不仅仅是一个墙面，而是一个有机统一的整体。也就是说，幼儿园室内环境布置必须从整体入手，而不能孤立地去处理一面墙，或是一个角落。但由于室内墙面比较多，在布置上比较难以把握其整体感。于是，我们可以通过某种因素，如形象、色彩或者形式，将所有的主题统一起来。

在统一的基础上，变化也是必不可少的。否则，就会使人觉得单调乏味。可通过内容、构成或是形象上的大小变化，让画面活泼生动。

2. 内容丰富，形式多样

大千世界处处充满着能激发幼儿好奇心的事物。同时，幼儿喜爱新鲜、生动的事物，且随着社会发展，幼儿掌握的知识也越来越丰富多彩。因此，在幼儿园的室内环境布置过程中，就要注意适应幼儿的这种需要。

室内环境布置的内容主要是结合教学的需要来确定主题，发挥教育功能。当然，也可以布置其他方面的内容，比如：

自然常识方面（可以结合教学进行）：四季变化、动物世界、植物世界、海底世界、恐龙世界、交通、成长等。

文明礼貌、行为规范方面：团结友爱、爱劳动、环保、守纪律等。

节日及重大社会活动方面：儿童节、劳动节、国庆节、动漫节、圣诞节、母亲节、教师节、春节等。

艺术欣赏方面：名画欣赏、民间美术欣赏、儿童画欣赏、工艺品欣赏等。

其他如幼儿喜爱的卡通形象、童话故事、神话故事等也都可以作为室内环境布置的内容。

美好的内容需要通过适当的形式来表现。要布置出美观且富有童趣的墙面，就必须考虑制作形式的多样性。制作的形式有很多种，如平面的、立体的、半立体的或综合形式的。多种形式的糅合能使整体布置具有丰富的层次感，使内容更为生动、具有吸引力。不同的形式也有利于引起幼儿参与的兴趣，提高他们的动手能力。

3. 有艺术性

在幼儿园室内环境布置中，需要将教育的目的、要求、内容转化为生动有趣、美观实用的环境布置。这就要求我们综合运用现代物质手段和科技手段，通过艺术加工使教育内容更自然紧密地结合到环境布置中去，创造出符合幼儿成长和心理感受的环境，从而给幼儿一种强烈的美的刺激和艺术的熏陶，营造出轻松活泼、高雅优美、自然朴素、欢快热烈等多元化的艺术风格。

4. 符合幼儿年龄特点，富有童趣

不同年龄阶段的幼儿在理解能力、观赏能力、动手能力等方面会有较大的差异。作为幼儿主要活动场所的活动室内环境布置也必须按照不同年龄段的幼儿的身心发展特点来进行设计，融知识性、思想性、趣味性于室内环境布置中。活动室的墙面布置可以让幼儿共同参与，培养幼儿的动手能力。教师在指导幼儿参与室内环境布置时，要给予不同方式的指导，有的放矢，以调动幼儿参与的积极性。同时，教师也应根据不同年龄幼儿的特点，区分为教师制作、幼儿制作、幼儿和教师共同制作。教师制作主要起示范、引导和欣赏作用；幼儿制作、幼儿和教师共同制作则能充分体现幼儿的参与性和教师的指导作用。

值得注意的是，现在有的幼儿园片面地强调幼儿的参与性，室内布置全采用幼儿的作品，使得室内墙面布置松散、零乱，达不到美化环境的效果。其实，教师的主导作用体现在能否有意识地创造环境上，以此来激发幼儿内在的创造冲动和活动意欲，切不可矫枉过正。

活动室的色彩配置宜明快、丰富。另外，墙饰的布置不宜太高，要根据幼儿的身高来布置，使幼儿可以平视画面。

午睡室一般不宜采用鲜艳的颜色，过于鲜艳的色彩会刺激幼儿的大脑皮层和神经，引发兴奋的情绪而影响休息。

5.充分利用乡土材料和废旧材料，形成自己的风格与特色

在我国，各地蕴藏着丰富的乡土资源，这也是我们创设乡土化环境的宝贵材料。我们要充分开发和利用这些丰富的乡土材料，创设具有鲜明个性、乡土化特色的教育环境。现在人们生活水平日益提高，身边有很多精美的废旧材料，我们可以充分发挥想象力，根据不同的废旧材料的特点、特质进行制作，让周围生活中的各种废旧物品发挥最大的作用，通过巧妙的构思，使环境的布置回味无穷，给人以美的享受，也使幼儿从小就建立良好的环保意识。

同时，幼儿园环境创设应体现自身特色和地方特色，创设富有鲜明特色的环境，营造出浓郁的艺术氛围，培育幼儿良好的审美情趣与能力。

四、区角活动

区角活动是在一定的时间、空间内设置的各种区域活动，为幼儿提供各种丰富的材料，使他们能根据自己的意愿、兴趣、能力来选择内容，宽松、自由地进行活动。区角活动的开展为幼儿提供了自我学习、自我探索、自我发现、自我完善的机会，培养了幼儿各方面的能力，因此越来越受重视。

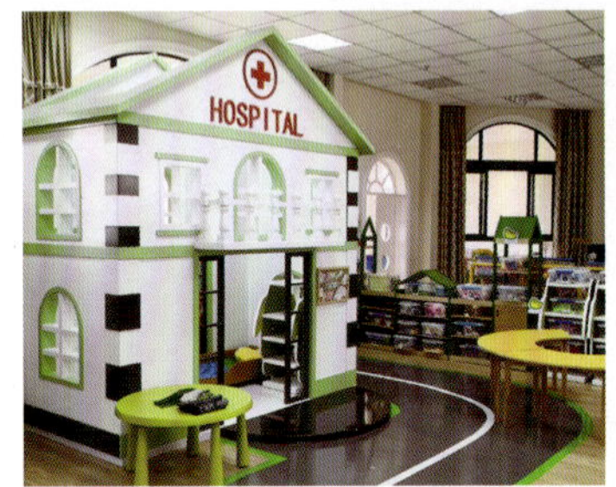

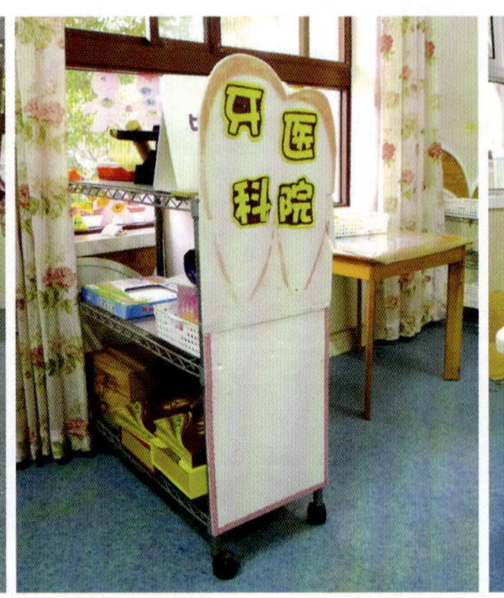

区角活动的项目很多，有科学区、益智区、语言区、数学区、美工区、生活区、建构区、玩具区、角色区、表演区、图书区等（各幼儿园的设置均有不同）。现在大部分幼儿园的区角活动都是利用活动室、午睡室、阳台和公共区域等空间来设置，但由于活动空间有限，显得十分拥挤、杂乱无章。要合理地安排好各个区域的位置，避免布置太多而导致环境杂乱无章。必须经过精心的构思、设计和布局，才能达到美的和谐与统一。陈列的教玩具既要满足区角活动的需求，又要体现艺术美，造型要生动，色彩应鲜艳明快。区角之间要留有宽敞的通道，以保证幼儿能顺畅地从一个区角到另一个区角。另外，区角的内容也要随季节的变换和教育计划而做相应的更换。

有的幼儿园设计了可活动的桌子和床，把班级活动室与午睡室合为一体，平时作教室使用，中午把床翻下来睡觉；而另一间活动室就作区角活动室使用，室内设置各个活动区域，方便幼儿活动，墙面布置也和区角活动有机地结合起来。这大大解决了拥挤、杂乱的问题，区角活动室布置得井然有序。各幼儿园可以因地制宜，根据自己的特色和空间环境来安排区角活动。

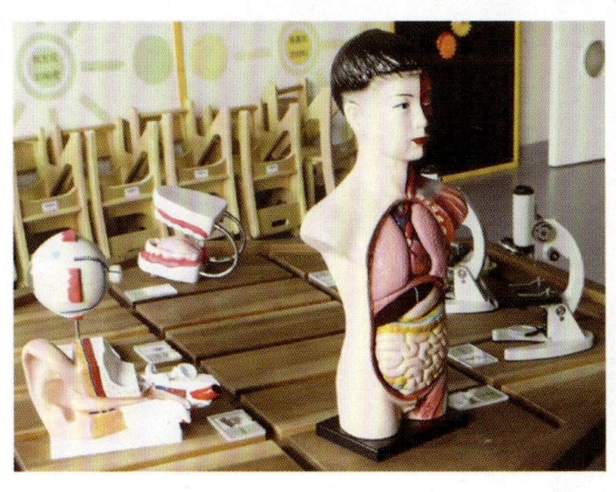

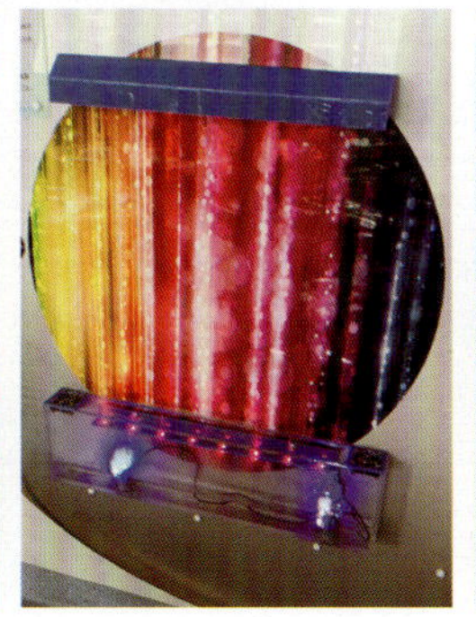

● 环境布置的表现技法

单元学习重点：

- 环境布置的表现技法
- 制作方法

本单元着重介绍幼儿园室内墙面布置的各种表现技法。通过学习，学生将对各种表现技法有一个全面的了解，并掌握这些制作方法和合理运用各种不同的材料，为今后的墙面布置打下扎实的基础。

幼儿园室内环境布置的表现形式和表现技法很多，有平面的、立体的，有绘画的，也有装饰画的，以及利用废旧材料、自然材料做成的画面等。幼儿园教师应不断加强学习，吸收新的表现技法，运用到幼儿园的环境布置中。

下面介绍几种常用的表现形式和表现技法。

一、剪纸

剪纸是流传于民间的，以纸为材料，以剪、刻为主要造型手段的一种艺术形式。我国剪纸的历史悠久，由于具有强烈的装饰性、趣味性、实用性等民族特色，千百年来经久不衰，蓬勃发展。它也是幼儿园环境布置的一种常见形式。

剪纸应用范围广泛，由于我国各地习俗不同，大体可分为窗花、刺绣花样、灯花、喜庆纹样、门笺等几种类型。

中外都有剪纸艺术，且各有特色。现代美术家还吸收民间剪纸艺术形式特点，创作出了具有时代感和新意的剪纸。

北方剪纸

北方剪纸

剪纸的艺术特点：

（1）意象造型，形象简洁夸张；

（2）除剪影之外，一般是将单个形象轮廓内部的纹饰镂空，使之具有装饰效果，便于做窗花时透光；

（3）剪纸作品“万剪不断”，互相连接。

北方的民间剪纸艺术古朴、粗犷、庄重、简练、概括、意象，有一种内在的力量，具有深沉雄厚的艺术特色；而南方的民间剪纸艺术则具有清新秀丽、精巧柔美、构图别致、形象生动、内涵丰富的艺术特色。

南方剪纸

南方剪纸

南方剪纸《桐君山》

南方剪纸《和谐新农村》

南方剪纸《化蝶》

剪纸的工具材料：纸张，剪刀，刻刀，蜡盘等。

剪纸的分类与技法：从艺术式样上可分为单色剪纸、套色剪纸、染色剪纸、分色剪纸、填色剪纸、折叠剪纸等。其技法有阴刻（以块面为主）、阳刻（以线条为主），在造型上通常二者混用。

1.套色剪纸

套色剪纸通常以阳刻为主，多用深色纸或金纸作为形象骨线，然后根据需要进行套色。所套颜色要少而精，一般以三、四色为宜，注意色彩的对比关系。也有在单色剪纸背后套几个不规则色块，使之别有情趣。

套色剪纸

《五谷之神》吕胜中

套色剪纸步骤

套色剪纸

2.染色剪纸

染色剪纸主要以阴刻为主，保留大的块面，在上面进行彩色点染。这种方法一般都用白色生宣纸，颜色可用透明水彩颜料。点染时要把握好颜料的水分，以免向外扩散，可以多层点染，点染时用色不宜太多太花。由于在生宣纸上染色，可以出现晕化效果。

染色剪纸

染色剪纸

幼儿创意剪纸《断桥》集体创作 6岁

幼儿创意剪纸《猴子捞月》集体创作 6岁

郑燕

屠晓华

陈碧菲

二、吹塑纸版画

吹塑纸版画是用吹塑纸当版材制作的版画。吹塑纸是一种美术装潢材料，质地松软，属于软性版材，刻版极其容易，制作方便，效果好，因此十分适合幼儿园环境布置和幼儿制作版画。制作时不需用刀刻，只要用铅笔、圆珠笔、竹针等工具在吹塑纸版上写画压刻，便可产生阴刻的白线和点。若以手揉捏、卷折则会产生变化莫测的纹理效果，丰富微妙，趣味无穷。另外，用梳子也可在版面上压刻出平行排线，大块空白也可用刀剪刻或手撕，十分随意自如。吹塑纸版画也适合油印、水印、黑白、彩色制作。

根据毕加索的《三乐师》制作的吹塑纸版画 龚凌竹

《三乐师》 毕加索

彩色吹塑纸版画制作步骤：

（1）画稿。先用铅笔在纸上起稿，检查有无正反方向问题。

（2）上版。用复写纸把画稿誊印到吹塑纸上。如有把握，可直接在吹塑纸上画。

（3）刻制。用铅笔、圆珠笔或竹针在吹塑纸版上按画稿“刻制”，实际就是在纸版上“画线”，画过的地方版面呈凹线。刻制时要注意点、线的粗细疏密变化，粗线可用各种笔杆、筷子等物压画。

（4）印刷。把印纸覆盖在已刻好的纸版上，并固定好。掀起印纸刷上水粉色，再放下轻轻压印。然后再印其他各块颜色，直至完成。如果所印的某块颜色不理想，可以换色重印，颜色的厚薄视画面效果而定。同时颜色不宜过多，以免嵌入凹线中，导致形象轮廓不清。

沈楠

杨文俊

陈欢

黄秀琼

佚名

金瑜雯

贾叶丹

夏立娜

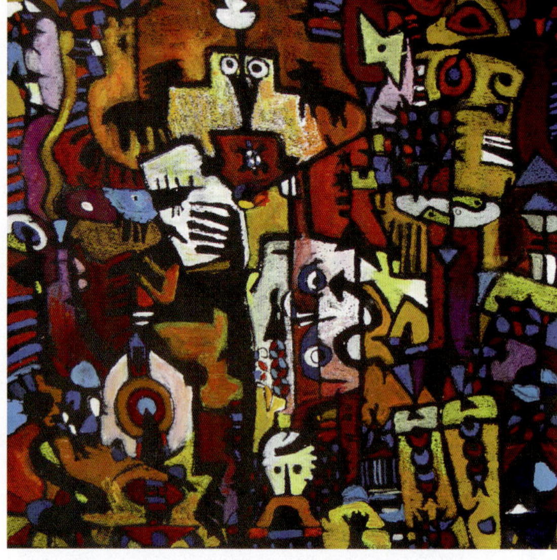

董琳

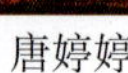

唐婷婷

李玲

曹艳芬

宋晓春

三、彩墨画

彩墨画又称现代重彩画，是在高丽纸上以水墨和重彩结合、写意与工笔并存、现代与传统融合，带有装饰性的一种新的艺术形式。它色彩浓郁而斑斓，具有奇妙独特的肌理效果，新颖而富有艺术魅力。

《韵》陈永乐

《仙人球》万强麟

1．彩墨画的工具材料

（1）纸。以高丽纸为主，其纸质较粗糙、结实有韧性，也可用较厚的夹宣纸。

（2）笔。叶筋笔、衣纹笔（勾线）、水粉笔（填色）、底纹笔（罩色和涂背景），用木炭条起稿。

（3）墨。一般用墨汁 (勾线和反面衬墨用)。其渗透性强，可用水调成浓淡适宜使用。

（4）色。中国画颜料、水粉颜料、丙烯颜料、水彩颜料综合使用。

（5）其他。画板、画架、调色板或调色盘、画毡、喷水壶和长尺等。

2．彩墨画的作画步骤

（1）起稿。先在白纸上画草稿，然后用木炭条拷贝在高丽纸上。

（2）勾线。用叶筋笔蘸浓墨勾出线条。根据画法需要，有时也可以不勾线而先上色。

（3）上色。彩墨画上色的最大特点就是正面上色，背面反衬墨或其他颜色，使之画面色彩斑斓、变化丰富。因此，上色可厚可薄、可浓可淡，视画面需要而定。上色时可平涂，也可有意识不平涂，让笔触明显，富于变化。填厚色时，可适当压线、切线，使线条富有变化，但不要把画面填死，要在色与线之间适当留有空白，使背面反衬的颜色能透过来。

（4）反衬。这是体现彩墨画特点的重要步骤。一般待正面的颜色干后，在纸的背面涂染墨色或颜色，墨和颜色通过渗透，对画面正面色彩起衬托作用。反衬时要注意背面的用色不能太厚太干，不然颜色就透不过来了。

（5）调整画面。待画干后，对画面不满意的地方做修改调整。也可重新选色叠加，以求丰富。

《乐园》丁绍光

《落日》丁绍光

《目送飞鸿》丁绍光

《甜蜜的离别》丁绍光

《梦》丁绍光

《鹤与阳光》丁绍光

《幸福鸟》丁绍光

《灯花姑娘》刘绍荟

《收货季节》何能

《笛声》何能

《敦煌》刘绍荟

3. 彩墨画特殊技法

（1）揉纸法。这是彩墨画的重要表现手段，体现独特肌理效果。将作画用的高丽纸揉皱，然后展平，用厚色平涂正面，待干后反衬墨或颜色，画面就呈现出独特的肌理效果。也可以用折的方法，折出条纹和放射状。

（2）喷水撒盐法。喷水：上色后，即用喷壶喷清水在纸上，会出现斑斑点点的自然效果。撒盐 ：在纸面上落墨后，趁湿撒上细盐，待干后将盐除去。

（3）油水分离法。先用蜡笔、油画棒等防染材料画于纸面，然后用较湿的颜色或墨涂染，会出现油水分离、斑驳陆离的效果。

其他还有拓印、弹色等方法，也可做出各种肌理效果。

《金色的花》何能

《春》 周菱

《少女和鹦鹉》 周菱

《洞箫横吹》 周菱

《小鹿》 周菱

《日》 周菱

四、沥粉画

沥粉画是一种材料价廉易得、制作工艺简便、装饰性强的工艺绘画。凸起的线条有浅浮雕的效果，具有独特的艺术魅力。沥粉画作为现代室内陈设的装饰艺术品，具有很高的实用价值和艺术魅力，特别适用于幼儿园大墙面的布置。

1. 沥粉画的工具与材料

（1）板。先做好木框，把三夹板钉在木框上，这样可以防止三夹板受潮而变形。

（2）立德粉、乳胶。这些材料均可在装饰材料市场买到。

（3）颜料（水粉、丙烯、油画颜料），金、银粉。

（4）笔、刮刀、漏子、毛刷、清漆等。叶筋笔用来勾线，水粉画笔用来涂色，刮刀用以铲除挤得不好的沥粉线条，漏子是用塑料包装纸做成的盛沥粉的工具。

陈橙

黄书弦

根据丁绍光的《曙光》制作的沥粉画 童美幸

《曙光》丁绍光

吕淑萍

姜春群

2. 沥粉画的造型特点和范本选择

沥粉画主要是以线条造型，即以凸起在画面上的沥粉线来造型。因此，在选择范本时要特别注意选择以线为主的装饰画，而不是写实的绘画。

沥粉画的线条要具有装饰性和概括性。要求运用装饰造型的语言对所表现的对象进行提炼、夸张和变形。沥粉画的线条要疏密有致。线条既不能过细过密，也不能太少，画面线条太多或太少，均会失去沥粉装饰的意义。沥粉画的线条要有一定的疏密对比和节奏感。因为沥线实际上就是在分割画面空间，这些被沥线围起来的空间，着色后就形成了面。由于线条的疏密形成不同大小的有色彩的面，它们之间的对比关系，使画面富有装饰美。另外，基本线条要相互连接使之封闭构成面，这样方便着色或填嵌材料。

范本可以选择像现代彩墨画那样以线为主的装饰画（如丁绍光等人的作品），以及克利、米罗、康定斯基等大师的抽象画作品。

谢雯漪

柴昊科

3. 沥粉画的作画步骤

（1）起稿。根据选择好的范本，用铅笔或木炭条轻轻地画在三夹板上。

（2）调粉浆。用立德粉和乳胶调合成均匀的粉浆，粉浆一定要拌匀，不能有气泡和杂质。以出线顺畅、粉线挺立为标准来决定粉浆的浓度。

（3）挤粉线。先做好沥粉漏子，盛上配制好的粉浆。在漏子的尖部剪开一个小口（视粉线的粗细而定），后部扎牢，然后双手握住漏子，按照设计的形象沥线。沥线时要求线条流畅挺拔有力度，尽量保持线的连贯性。

（4）上色、勾金线。待线彻底干后（要阴干，不要放在太阳下晒），用水粉、丙烯或油画颜料上色。最后用金粉或银粉勾勒凸出的线条。

（5）罩清漆。为了保护画面，防止金粉氧化，可以在画面上薄薄地罩上一层清漆。但罩上清漆的沥粉画会发黄，所以若放在室内或用丙烯、油画颜料制作的可以不上清漆。

叶旭丽

佚名

王倩赟

王芳

郑燕霞

佚名

张晓红

蒋丽萍

五、粘贴画

利用生活中的各种材料，如花布头、画报纸、树叶、羽毛、植物种子等，拼贴出新奇的装饰画。由于这些材料具有独特的色彩和肌理，用它们创作而成的画将产生其他任何画种都无法比拟的效果。

1. 布贴画

利用各种质地、各种色彩、各种图案花布的边角余料拼贴作品，需要丰富的想象力和创造性。这些材料由于较易获得，所以给我们的创作提供了机会和条件。巧妙而充分地利用花布的肌理，就可以构思出新颖而生动的画面。

李梅

2. 树叶贴画

利用自然界中形形色色的花草树叶粘贴出来的作品是很漂亮的。具体做法是：将采来的叶子压在书中，干后即很平整，就可以制作了；粘贴时，除了靠叶子本身的形状，个别部分也可以稍加修剪，但绝不能因剪得过多而失去树叶贴画的特征。

树叶贴画，除了利用叶面形状外，还可以利用叶柄的形状加上粘贴的手法，使画面更为生动别致。

伍奇蓉

3. 羽毛、蝴蝶贴画

鸟类之所以美丽，主要是因为它们有一身漂亮的羽毛。这些羽毛的长短软硬、纹理色泽是制作羽毛画的极好元素。羽毛贴画在我国早已为广大人民所喜爱，蝴蝶贴画也是如此。

李进学

玻璃镶嵌画

4．玻璃镶嵌画

将二至三毫米厚的无色透明玻璃，根据画面的需要，在背后涂上颜料（油画、水粉或丙烯等颜料均可），干后涂一遍清漆，待再干后裁成正方形小块或敲碎形成不规则的小块，用这不同颜色的小块玻璃就可以制作出别具特色的镶嵌画了。玻璃镶嵌画具有闪烁的光感和漂亮的色泽，更具艺术效果。

5．点状材料贴画

日常生活中人们可以经常见到许多点状的材料，如植物种子、纽扣、图钉、石子等。点状材料可以组成除点以外的线和面，加之材质本身的自然美，用它们所制作成的贴画极富装饰性。

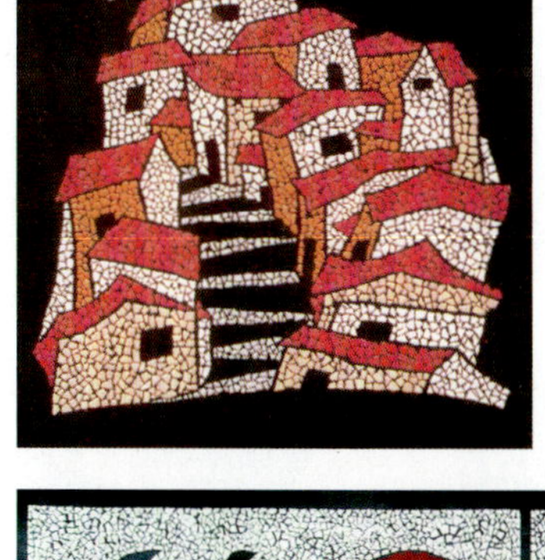

6．蛋壳贴画

生活中常见的鸡蛋、鸭蛋、鹌鹑蛋等，有着丰富的颜色，有白色、黄色、暗红色、淡青色等，有的还有美丽的花纹。将这些颜色不同的蛋壳洗净，剥掉里面的薄膜晾干，压成碎片，利用各种颜色（有的还可以染色）的蛋壳碎片，就可以拼贴出精致的蛋壳贴画作品了。

（1）工具与材料。

卡纸底板、乳胶、镊子、毛笔、蛋壳等。

（2）制作方法。

1）将设计好的图案拷贝到卡纸底上。

2）在卡纸上按画面的部位依次用毛笔涂上乳胶，边涂

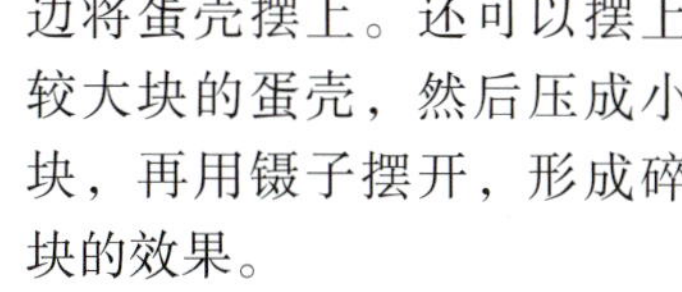

边将蛋壳摆上。还可以摆上较大块的蛋壳，然后压成小块，再用镊子摆开，形成碎块的效果。

3）整理完成，个别部位可着色。

蛋壳贴画　林璐

7. 撕纸画

现在过期的挂历、画报、广告纸越来越多，虽是废弃的物品却能变废为宝。我们可以根据设计的需要巧妙地利用材料上的某些色彩或图形，采用撕、剪、粘贴的方法，创作出富有情趣和意境的作品，具有镶嵌画的效果。

（1）工具与材料。

1）工具：剪刀、刻刀（美工刀）、镊子、大小笔刷、乳胶或固体胶等。

2）材料：旧挂历、旧画报、旧广告纸、旧报纸、装饰纸、卡纸、瓦楞纸等，以平整、厚薄适度为宜。

刘岚

蒋路易

陈晓霞

何陈怡

郑丽莎

朱思思

陈欢

唐婷婷

程娅

汤彧潇

平笑露

（2）制作方法。

1）起稿。在选定画面主题后进行构思，然后在卡板上用铅笔勾勒轮廓，并在别的纸上配好色彩稿，也可以找现成的范本。

2）撕纸。根据画面的色彩稿，选择色彩类似的彩色纸或旧画报，将其撕成很多小块，撕时要注意撕的形状与大小要基本统一。

3）拼贴。可在要拼贴的部分局部涂上乳胶（胶水不宜过多，要适中），再用镊子将撕好的纸一块一块地放在上面。贴时要有序，避免杂乱无章；纸与纸之间要留有一定空隙，体现出撕纸的效果；色彩过渡要自然，产生渐变、动感的效果。可以借鉴点彩派的方法，产生丰富、绚丽的色彩变化。

在撕纸、拼贴过程中要分块进行，如先撕天空颜色的纸，撕完后就进行拼贴；然后再进行其他部分的制作，一直到最后塑造完成。

4）调整。由于在拼贴过程中较多关注局部的形象，往往会忽略整体的关系，最后应对画面做整体的调整，使画面主体突出、色彩和谐，更加完善。

王海燕

黄晶晶

8. 综合材料拼贴画

综合材料拼贴画就是用各种不同的材料拼贴而成的装饰画。

各种材料都具有其内在的美，主要体现为色彩美和质地纹理美。

材料的质地不同，出现的肌理、纹理效果也不同，绸缎表面给人以光滑的感觉，体现出一种华丽的美；而麻布却体现出一种粗犷的美；羽毛的细腻又给人一种纤细精巧的美感。

材料的色彩美主要体现在色彩自然或人为的协调配置上。如：蝴蝶的翅膀、孔雀的羽毛都给人以赏心悦目的美的享受，又如许多包装盒的色彩设计既取之于自然界中的色彩配置又增添了装饰性的艺术效果。

王倩赟

刘敏

张苑

马晓青

沈婷

黄子亦

每种材料既有其优点，又有其局限性。如吹塑纸，色彩丰富、光洁度与质感良好、剪刻容易、制作方便，但没有深色，偏亮，特别是反光后感觉是白晃晃的一片。所以，单纯用吹塑纸做成的剪贴，明度就不容易拉开。把各种材料综合起来，就能充分发挥各种材质的特点，增强画面的效果。

应该提倡的是，在日常生活中对形象素材要日积月累，对身边的废旧材料要审曲面势并进行形象联想。在设计构思时，造型不在于求真，而是力求意趣的表现；选材不在于优劣，而是用心于美感的追求；技艺不在于用工的繁简，而是力求表现出对废弃材料设计上的匠心。

在制作上强调材料间的对比，如光滑与粗涩，明亮与晦暗，柔软与坚硬等，这些都体现了材质美。使材料的特性发挥得恰到好处，创造出新的审美形象。

黄少琼

郑丽莎

杨文俊

鲁雪

六、纸浆画

纸浆画就是用彩色湿纸浆在KT板上塑造各种形象，形成较完美的画面。湿纸浆在画面上堆积的高低可产生半立体的效果。

1. 工具与材料

KT板、各色湿纸泥、塑刀或牙签等辅助工具。

2. 制作方法

（1）根据自己的创意，在KT板上轻轻地打上轮廓稿。

（2）将做好的各色纸浆铺放在底板上，再捏塑出理想的形状，重要的部分可以堆砌得略为高些，使其更加突出。需要注意的是，为保持画面的立体感，不要把纸浆压平，应尽量保持它本身自然的质地效果。

（3）细致的部分可用塑刀、牙签等工具来辅助，在表面刻出细节、纹理等，使画面看起来更精致。

（4）图案做完后，平放在阴凉处自然风干。

佚名

施雯

关梓南

佚名

邱懿红

徐莹

佚名

邹佳洁

夏莉莉

杨阳

七、皱纹纸画

皱纹纸画就是用各种彩色的皱纹纸搓成纸线，然后用纸线粘贴出各种形状而形成的装饰画。

1. 工具与材料

皱纹纸、剪刀、胶水、双面胶、各色卡纸。

2. 制作方法

（1）先把皱纹纸剪成两指宽的细条，然后搓成纸线备用。

（2）在黑卡纸上画出基本轮廓。

（3）在要粘贴的地方涂上固体胶。这里要注意，固体胶很容易干，粘贴的时候应涂一小块贴一小块。

（4）选择搓好的皱纹纸绳，分块粘贴形象。

（5）待各色块全部粘贴完后，再进行整体的调整。

朱嘉莉

陈艺聪

王小楚

毛夏玲

佚名

张熠

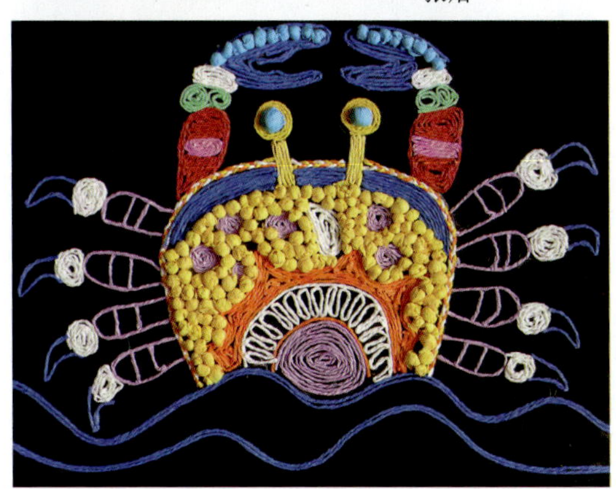

金温乐

何楚芳

施韩英

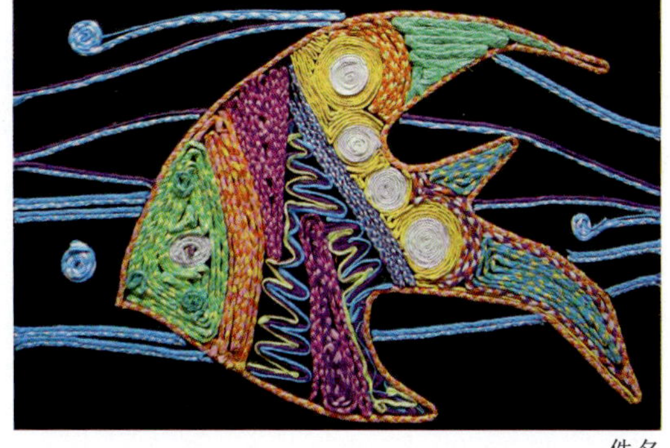

佚名

八、纸浮雕

纸浮雕是通过折曲、剪刻、粘贴等方法，将纸设计制作得有立体感并具有观赏性和实用性的一种造型艺术。它形象概括夸张，线条简练，装饰感强，且材料易找，工具简单，制作方便。

纸浮雕题材广泛，可表现人物、动物、植物及各种抽象艺术形象，可以制作出有欣赏价值的装饰作品，特别适合幼儿园室内的环境布置。

Ben Tomita

Ben Tomita

Ben Tomita

Swan Brand Susan Swan

Messenger Lisa A.Valore

May Savings Lisa Tysko

1. 工具与材料

卡片纸、图画纸、包装纸等各种不同颜色、不同厚度的纸；剪刀、刻刀、直尺、圆规、乳胶。

2. 基本技法

使一张平面的纸变成立体形态，要借助于折、卷、粘贴等方法，而这些方法又结合点、线、面的变化派生出纸造型的丰富技法，运用这些技法可使平面的纸形成各种生动的立体形态与有趣的肌理效果。

折曲，是纸造型最基本的技法，先用刻刀按铅笔稿轻轻划痕，然后再折。具体有以下几种折法：

（1）直线折。

（2）弧线折。这是纸浮雕中最奇妙、最富于变化的一种折法。只要对一张纸本身进行切割与折叠，就可以产生立体效果。弧线折又分折弧线与折圆两种。折圆又分为折同心圆、切边圆、椭圆。先用圆规画几个不同大小的圆形，剪开一条半径切口，然后再折。

（3）组合。分粘接与插合。粘接：一般用白乳胶粘接。在粘接处薄薄涂一层胶，胶不宜多，涂胶后稍等片刻再粘贴。也可用胶带纸或双面胶带粘接。插合：利用切口互相插合。

以上介绍了纸浮雕的各种成型方法，我们

Parade of Animals Gus Alavezos

赵月花

林玲

马晓青

张娟娟

顾芳蕾

要根据各种造型的需要，灵活运用这些手法。

纸浮雕，使我们从平面开始走向立体。要做好纸浮雕，必须打好平面造型基础（尤其是图案基础），逐步锻炼立体造型能力。因此，不要满足于能按图制作就好，而要分析思考，弄懂原理，掌握方法。这样才能够举一反三，创作出更丰富的作品。

另外还有聚苯乙烯发泡浮雕壁画、布包海绵拼贴画、回丝画、植绒纸画等，在此就不一一介绍了。

方圆

王小雅

Linda Robert

陈碧菲

朱小莉

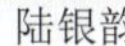
陆银韵

叶孟

杨海亚

唐婷婷

赵方菲

朱令

九、小雕塑的制作

聚苯乙烯泡沫塑料是一种质地疏松，易于塑造、加工的材料，用其进行小雕塑的制作，十分简便。

1. 工具与材料

（1）工具。美工刀、钢锯条、木锉刀、0号砂纸等。

（2）材料。聚苯乙烯泡沫塑料、乳胶、石膏粉、颜料、画笔等。

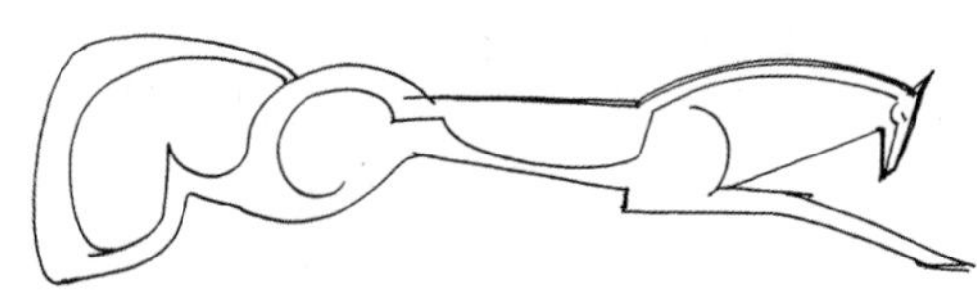

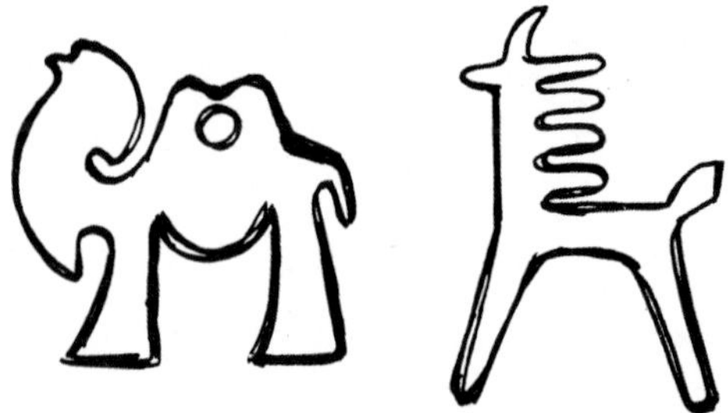

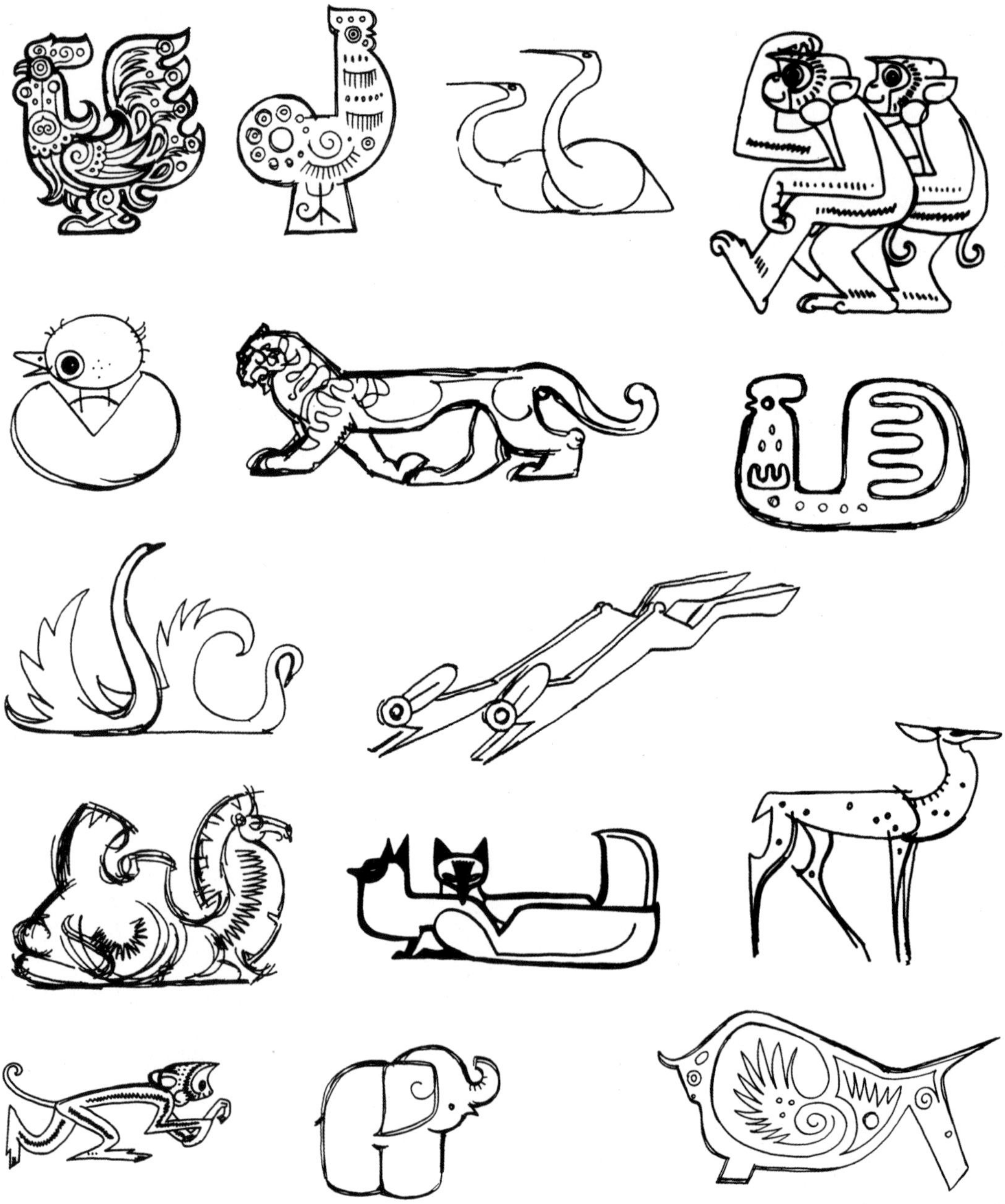

《装饰动物》 韩美林

2．制作方法

（1）设计造型。

幼儿园的小雕塑一般以动物为多，好做又受幼儿的欢迎。造型宜简洁、抽象，切忌具象造型，具象造型难度大、不易制作。如韩美林的动物造型，简洁可爱、富有童趣，容易制作。

（2）打轮廓。

用木炭条直接在聚苯乙烯泡沫塑料板上打轮廓，由于聚苯乙烯泡沫塑料是一种内部疏松、有气孔的塑料，打轮廓时要轻，不要划伤材料的表面。

聚苯乙烯泡沫塑料板一般为几厘米厚，如果觉得太薄的话，可以把两张板拼在一起，用乳胶黏合。

（3）塑造形体。

根据图形缺陷切出大体外形，随后逐步深入雕刻，最后再进行细部的刻画。聚苯乙烯泡沫塑料是由颗粒状的发泡塑料组成，容易断裂和散开，所以切割时一定要注意这一点。

（4）细部加工。

削切后的泡沫塑料还比较粗糙，可用木锉刀将其锉平整。需要塑造圆角的形，还可用木锉刀把棱角锉掉，变成圆形。最后用0号砂纸把雕塑的表面磨光。

（5）上色。

把石膏粉调成水状，再加入需要的颜色，涂在雕塑上，晾干即成。这既能保护雕塑的表面，又增加了鲜艳的色彩。若摆放时间长久变色或陈旧了，还可以重新涂上一层颜色，又焕然一新。

在制作聚苯乙烯泡沫塑料雕塑时，可以单块板做成，也可以用拼接的方法来制作。

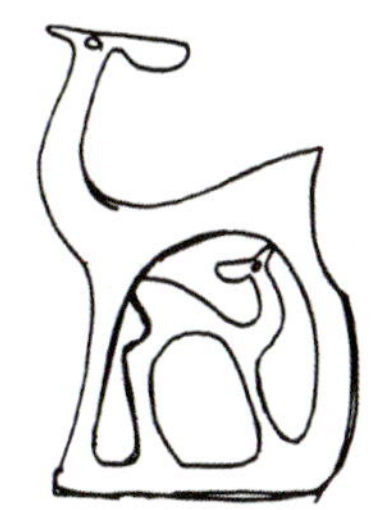

小雕塑制作步骤

《马》 韩美林

《鸡》 韩美林

主题墙面的创编方法

单元学习重点：

- 创编的基本方法
- 构图的基本形式

学习创编的构思、构图知识以及创编的方法与技法。能运用构图的基本法则合理布局，参考、利用与主题有关的资料，较好地表达主题内容，使画面主体形象突出、造型生动可爱、色彩鲜艳。

一、构图组合法

在幼儿园的墙面布置中，教师感到最头痛的是没有现成的资料可以参考。一幅漂亮画面的设计，涉及的面比较广，它包括造型、构图、色彩等。这就要求教师必须具备一定的美术专业基础，按照造型艺术的规律来进行创作。幼儿园教师教的学科多，工作忙，时间紧，完成墙面布置确实存在着很大的难度。要设计好一幅画面，最简单的办法就是创编。所谓创编，重在创意和改编、组合，具体的制作方法如下。

1. 确定主题

根据教育、教学等需要，确定墙饰的主要内容。

《星星的歌》 佚名

2. 创意

根据预定的主题进行创意开发。

创意主要来源于教师丰富的想象力。准确地说，创意就是为一个旧的内容用一种新的形式去表现，也就是教师从常见的表现题材中发现一种新的表现形式、新的形象或新的立意。当这种发现突破了原有的主题时，才具有价值。这种构想在于教师心灵的体悟与别具慧眼的观察、捕捉、记忆、积累，也在于从人们司空见惯的事物中发现美的神奇。如春、夏、秋、冬四季，是个老的题材，表达的是一年中不同的季节，若换种形式去表现，用四个活泼的小孩为主要形象，代表四个不同的季节，把小孩的自然形态与季节融为一体，就可以体现出一种新意。

3. 收集资料

有了一定的构思后，我们可以在儿童读物中寻找与主题有关的素材。这一步主要是参考与借鉴别人已创作的形象作为素材，以解决自己创造形象的难点。

选择的素材可适当多些，便于挑选出其中最合适的。

人物素材（俞理、王晓明、俞理、朱成梁）

背景素材（李全华、李全华、永田萌、朱成梁）

4. 改编并进行组合

根据收集到的素材，按照构图法则重新组合。构图能增加画面的艺术魅力，对制造意境起着决定性的作用。

（1）合理布局，构图饱满。

首先要有整体的布局意识，使画面主次分明，合理、清晰。画面尽量饱满，要避免松散的现象。画面的张力是依靠形象在画面中所占据的空间位置的饱满程度，以及空间的变化节奏，来形成画面的视觉中心的。要掌握必要的构图知识，借助构图形式来进一步表现主题，增强画面的感染力。

纵线型：主线是许多树干线组成的垂直线，有挺拔、直立感。
横线型：主线是河岸组成的两根近似水平线，有平静、广阔感。
斜线型：主线是柳枝组成的斜线，有起伏、运动感。

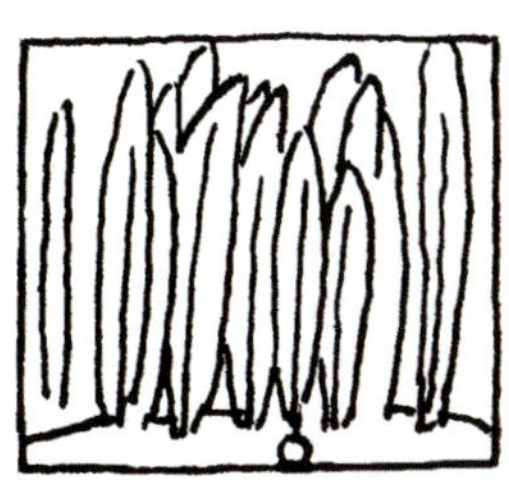

纵线型

横线型

《小公鸡找春天》 王晓明

斜线型

《绝句》 王晓明

三角型：主线是两只鸡组成的对称三角形，有稳定感、坚实感。

倒三角型：偏于倾斜，有不安感、危险感。

S型：主线是波形曲线，有优美感、运动感、延伸感。

三角型

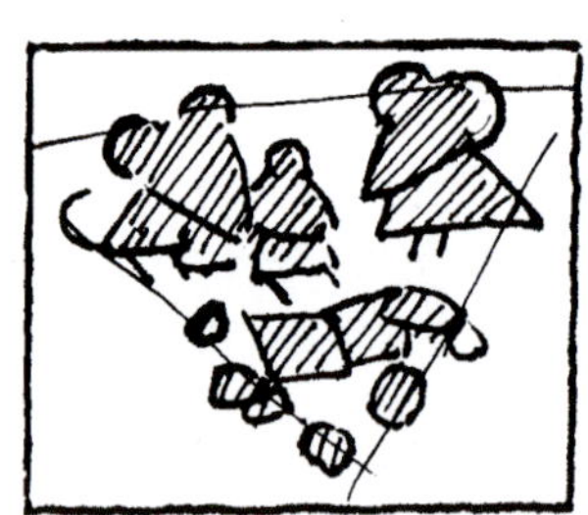

倒三角型

S型

《阿布加和中国医生》 俞理

圆型

圆型：主线是曲线组成的近似圆形，有优美、集中、圆满、旋转感。

点状型：枫叶组成的点状，作散点式分散排列，有松散、自由感。

点状型

（2）主体突出，形象鲜明。

任何一幅画就内容而言都有一个主题，就形象而言都有一个主体。主体是一切形象中最为突出与明显的一个或一组。它虽不能包括主题，但必定是主题中有关的重要部分。主体位置的处理很重要，在一般情况下，它在画面上的位置不宜太偏或太居中。太偏就不能使主体明显，并使人感到有倾出画面的感觉；太居中则会令人产生画面分割或刻板的感觉。主体位于画面井字形交叉线上就比较自然。

在画面中除了主体是主要部分以外，其他部分都是陪衬部分，因此在构图上，应当避免“喧宾夺主”或“宾主不分”的现象。

在表现主体时，要求形象鲜明，有主次、大小之分。尽可能避免平铺罗列的现象（即形象大小一致，间隔距离相同，形象之间互不遮挡）。主体形象要重点刻画，深入描绘，使形象特征鲜明。

（3）多样统一，形式统一。

多样统一是一切形式美法则中的总法则。运用多样美，宜使画面中的形象、色彩等要素保持相似性、一致性，增加全局方面的简练性、统一性。避免过于多样而产生分裂感、紊乱感。画面中多种形状、色彩、质地/肌理及布局结构，其形式属性有多方面的相似性、一致性，在配置上又有一定的秩序和规则，形成一个严密、和谐的整体，产生协同、一致、条理、秩序的统一美。

对比也是构图中极为重要的原则之一，是能使画面达到多样的表现方法。如果一幅画没有对比，那么一定会显得平淡失色。一幅画在形的方面最好能有点、线、面的变化，在色彩方面至少应有调子的变化，这是具有多样对比的处理技巧。

由于素材是从不同的儿童读物中收集来的，表现形式也不尽相同。因此在组合中要统一形式，以取得整体的和谐，避免形式过多而显得杂乱。

另外，我们还可以运用一些简便的构图方法来进行创编组合，即近景、中景、远景构图法。这种构图法主要把画面分成近景、中景、远景三个层次。近景可以用一些花草、道具等，起着装饰、点缀画面效果的作用，一般放在画面的左角或右角，形状可大可小；中景为画面的主体形象，是画面的视觉中心，要放在画面的显著位置；而远景则作为背景来衬托，可以简略些。

在创编中我们可以根据内容情节和画面的需要，对近景、中景和远景的面积做适当的变化，就可以变化出各种丰富而多样的画面。这种方法简便易行，比较容易出效果。

二、参考图例

墙面布置的内容十分丰富，可以根据教学的需要来确定主题，也可以根据季节的变化来制作。为了解决幼儿园老师找资料难的问题，我们特地选择了一些主题的画面，供大家在创编和墙面布置时参考运用。

1. 缤纷的一年四季

《春》 Catherine Deeter

《夏》 吴敬芦

《精灵》高桥信孝

《绣球花》 前田秀伸

《夏》 陈正成

《秋》佚名

《精灵》 高桥信孝

《冬》 俞理

2. 快乐的幼儿园

何艳荣

何艳荣

何艳荣

《小小手，真灵巧》 何艳荣

《好习惯》 何艳荣

《好习惯》 何艳荣

3. 幸福的童年生活

《想和你们说说话》 佚名

《好习惯》 何艳荣

《好习惯》 何艳荣

《动物游乐场》 佚名

约瑟夫•帕莱切克

约瑟夫•帕莱切克

约瑟夫•帕莱切克

约瑟夫•帕莱切克

约瑟夫•帕莱切克

4. 良好的行为习惯

《好习惯》 何艳荣

《好习惯》 何艳荣

《好习惯》 何艳荣

《好习惯》 何艳荣

5. 丰富多彩的节日

《新年》 丁熙明

《六一儿童节》 俞理

《焰火》 西格利德·霍克

《小朋友》 俞理

6．美妙的音乐天地

《音乐》 陈正成

7. 可爱的动物世界

《下雨了》 佚名

PEN

《森林》 西格利德•霍克

3 + 9 = 12

《马》 埃兰•卡巴

《羊》 埃兰•卡巴

《鹅》 埃兰•卡巴

《公鸡》 埃兰•卡巴

8. 神秘的恐龙世界

《熊奶奶的幼儿园》 何艳荣

9．奇异的海底世界

《海底鱼》 Togawa Ikuo

《海底鱼》 Togawa Ikuo

程思新

《起源之书》 克里斯蒂安•蒙特内格罗

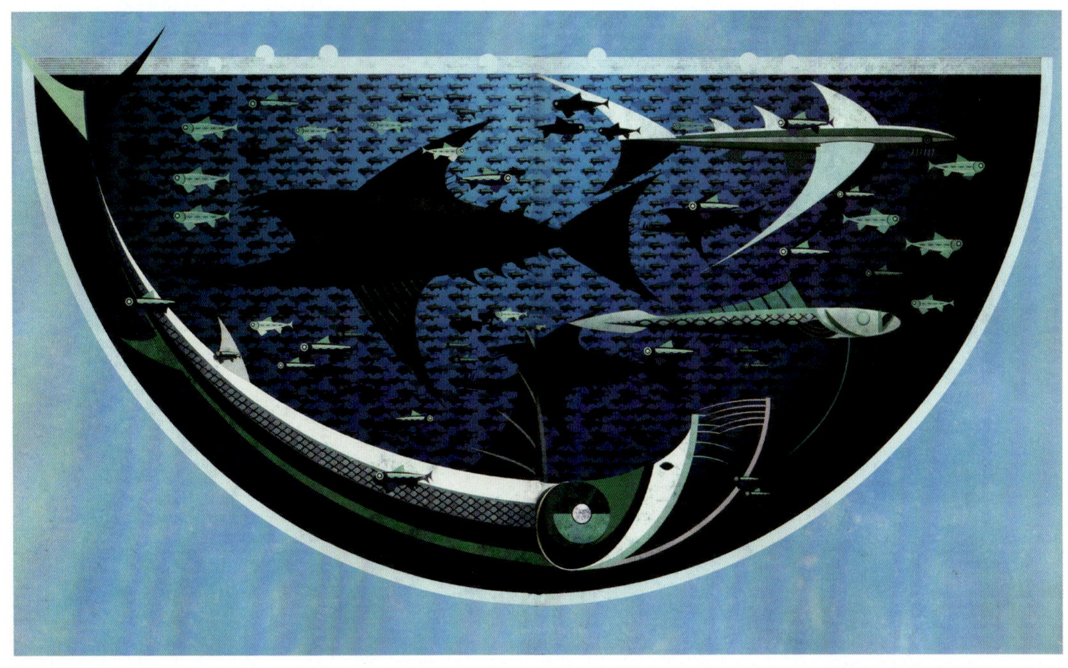

● 名画欣赏

法国画家亨利·马蒂斯（1869—1954）认为，艺术“就像一把舒适的安乐椅，可以使人消除身体的疲劳”。的确，他的作品常给人们带来宁静、纯洁和舒畅的感觉。

其实，艺术欣赏不但是一种视觉上的愉悦，也是一种创造。欣赏者的创造是贯穿于欣赏之中的，欣赏者的再造想象并不只是对作品所描绘的形象的简单接受和原封不动的复制，而是用他已有的生活经验、知识积累、形象记忆和情绪记忆去想象、领会和体验艺术形象，对作品中的形象描绘做一定的改造加工和丰富补充。

我们从大师的作品中体验艺术的氛围，培养美感，在潜移默化中深化内涵，成就更宽、更广的世界观，培养正确的生活观。在幼儿园开展名画欣赏是十分重要的，除了教学中的欣赏外，在平时的环境布置中，应该开辟名家作品欣赏一栏，将艺术家们所生活的世界与创作的理念呈现在幼儿眼前，使他们能随时与大师的作品亲密接触，做到耳濡目染，借以陶冶他们的情操，寓教育于美的环境之中，潜移默化地培养他们发现和欣赏美的能力。

大幅的大师作品很难买到，我们在布置墙面的时候可以根据大师作品，改画成沥粉画、纸版画或彩墨画等，同样也能起到欣赏的目的。

马蒂斯的作品大都简略、单纯，无论是处理点、线、面，还是色彩或轮廓，都具有原始艺术的单纯和儿童般的稚拙。他的作品中所体现出来的随意涂抹感和用色的鲜亮强烈，都和他常以儿童的眼光去观看事物有关。曾经有人说他的画和儿童画差不多，马蒂斯却很高兴地称“这正是我所追求的”。在晚年，马蒂斯通过彩色剪纸来试验色彩关系，采用色彩剪贴作为主要创作手段，运用这一独特形式取得了优美的装饰效果。

剪纸 马蒂斯

马蒂斯

《国王的悲哀》 马蒂斯

剪纸 马蒂斯

剪纸 马蒂斯

剪纸 马蒂斯

剪纸 马蒂斯

剪纸 马蒂斯

瑞士画家保罗·克利（1879—1940）作画总是像儿童那样，喜欢抹来抹去。他的画笔随意挥动着，如同牵着线条在郊外无拘无束地游荡。看他的画，就像看儿童的画，给人一种单纯的美感。可以说，随意的线条、绮丽的色彩、极富装饰效果的构图是克利独特的表现手法。正是这些，使他的作品充满了一种奇异感，充分体现了画家不泯的童心和神奇的幽默感。

《窗台所见》克利

《生命常在》克利

《风景和两个失落者》克利

《山冈上的饮宴》克利

《富裕的港湾》 克利

《有色的饭菜》 克利

《二月遐思》 克利

《猫和鸟》 克利

《水下花园》 克利

西班牙画家胡安·米罗（1893—1983）的画充满着孩子的童心，活动在幻想的空间，和地球、和银河、和北极光、和飞禽走兽、和海底与显微镜下的各种生物玩耍嬉戏。米罗的艺术是对现实的超越：穿过成人的功利世界，找回孩提时代的天真；抛弃文明的一本正经，归于自然而然的原始生命。他以创造的心情和原始的目光去看一个有机体的世界，人和猛兽、小狗、飞鸟以及阿米巴虫都该有同样活跃的生命力。他的画具有更多的神秘感，无忧无虑、天真无邪的快乐感和永恒而无处不在的吸引力。

《羽翼如火的鸟，静静地谛视着》米罗

《无题》米罗

《白昼之诞生》米罗

《沉默》米罗

米罗

宅邸挂毯　米罗

《一轮火焰上的梯子横跨苍穹》米罗

《女诗人》米罗

奥地利画家洪德特瓦塞尔（1928—2000）的画面充满了童趣的造型，具有很强的装饰艺术风格。他创造的世界比我们周遭的世界更鲜艳、更神秘，画面上多使用明亮、艳丽、强烈的原色，深受幼儿的喜爱。

洪德特瓦塞尔

洪德特瓦塞尔

《希腊的毁灭》洪德特瓦塞尔

洪德特瓦塞尔

洪德特瓦塞尔

洪德特瓦塞尔

《落日》洪德特瓦塞尔

洪德特瓦塞尔

西班牙画家巴勃罗·毕加索（1881—1973）是现代绘画领域的开创人和探索者，他用随手可得的一辆自行车的车把和车座做出了一只公牛的头。他既画热烈欢快的画面，又画悲伤孤独的画面。他创造了一种称为立体派的艺术，这种艺术的画作由像正方形或立方体这样的简单形状构成。例如，你仔细看《三乐师》，就会发现，不仅能看见一些形状，而且还能看见三个人。毕加索探索了艺术世界并且发现了观察我们这个世界的新的方法。

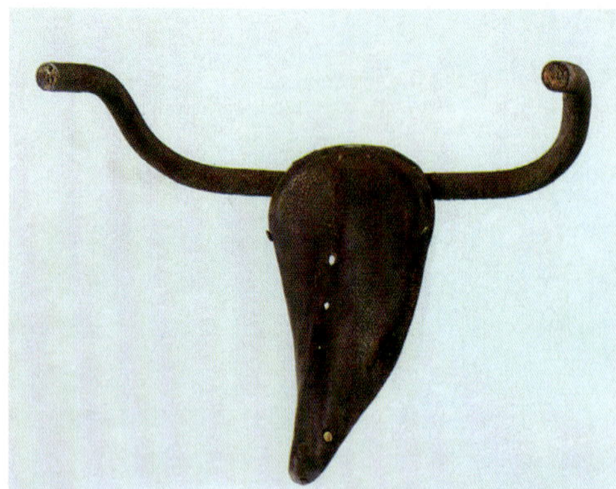

《牡牛头像》 毕加索

《红色牡牛与静物》 毕加索

《瓷盘》 毕加索

《格尔尼卡》 毕加索

《镜前少女》 毕加索

《梦》 毕加索

《三乐师》 毕加索

俄罗斯裔法国画家马克·夏加尔（1887—1985）出生在一个犹太人的家庭。《我和故乡》是他初到法国时的成名作，作品中的“我”和大牝牛亲切地诉说着思念之情。这幅画的背景是画家记忆中的俄罗斯农舍和教堂，画中还有挤奶的妇女和扛着锄头的农民。画家采用了多种重叠的绘画方法，使作品充满着神奇的梦幻，把人们带进了童话般的绮丽世界。

《我和故乡》 夏加尔

《小提琴手》 夏加尔

夏加尔

夏加尔